JOSÉ ANTONIO PAGOLA

PASTORAL **R** RENOVADA

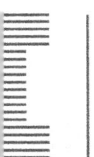

LA HORA
DE LOS LAICOS

PPC

© 2024, José Antonio Pagola
© 2024, PPC, Editorial y Distribuidora, SA
    Impresores, 2
    Parque Empresarial Prado del Espino
    28660 Boadilla del Monte (Madrid)
    ppcedit@ppc-editorial.com
    www.ppc-editorial.com

ISBN: 978-84-288-4224-2
Depósito legal: M-22529-2024
Impreso en la UE / *Printed in EU*

Introducción

El objetivo de esta reflexión es fácil de precisar: se trata de tomar una conciencia más clara de la **identidad** propia del laico y de su **tarea específica** tanto en el interior de la Iglesia como en medio de la sociedad.

No pretendo ofrecer una teología exhaustiva del laicado, sino de captar bien lo esencial para despertar más nuestra conciencia y promover el compromiso activo y la participación viva de los laicos en la misión de toda la Iglesia.

Por eso, entiendo también que no nos hemos de mover solo en el plano teórico, sino que hemos de esforzarnos en "aterrizar", en ver las consecuencias prácticas operativas correctas.

Utilizaré en lo posible un lenguaje sencillo, inteligible, accesible. Es curioso ver cómo los documentos conciliares y de la jerarquía hablan del laicado utilizando un lenguaje que es, a veces, todo menos laical.

1

Aproximación a la realidad

Sin pretender desarrollar una visión exhaustiva parece conveniente que comencemos por abrir los ojos para ver cómo es, cómo actúa, cómo se siente el laicado hoy en nuestra Iglesia, en nuestras diócesis y parroquias.

1. La pasividad de la mayoría

Un buen número de laicos, hombres y mujeres, constituyen dentro de la comunidad eclesial la "mayoría silenciosa". Cristianos convencidos, aceptan la doctrina que enseña la jerarquía, asisten habitualmente o con frecuencia a los actos de culto, pero no tienen conciencia (ni siquiera lo sospechan) de que puedan tener alguna otra responsabilidad de construir la comunidad cristiana o de anunciar a otros el Evangelio.

Son cristianos "sin vocación". "Están" en la Iglesia en actitud pasiva. No tienen necesidad de más. Ni exigen ni se plantean una participación más activa y comprometida. Su objetivo es, en último caso, ser buenos cristianos.

Esta situación todavía hoy muy generalizada se debe a diversas causas:

- No es fácil sacudirse de encima un **clericalismo** que ha moldeado y configurado la Iglesia durante siglos. Ahora pagamos las consecuencias: la Iglesia parece un "asunto de curas y monjas", el pueblo fiel es el "rebaño" que debe dejarse guiar por los pastores, unos pertenecen a la Iglesia "docente" (los que enseñan) y otros a la Iglesia "discente" (los que aprenden), unos obedecen y otros mandan...

- Por otra parte, se ha cultivado una religiosidad muy **individualista**. Cada uno ha de preocuparse de la salvación de su alma. Lo importante es ser fiel a la propia conciencia, cumplir los preceptos de Dios y ser un buen practicante. El sentido de pertenencia a una comunidad, el contacto, la comunicación y colaboración con otros creyentes, la experiencia comunitaria de la fe... son aspectos más descuidados.

■ No hemos de ocultar que la **actuación del clero** favorece todavía esta minoría de edad del laicado. El protagonismo excesivo, el autoritarismo, el control, el acaparamiento de casi todo por parte de ciertos presbíteros... impiden el crecimiento del laicado cortando de raíz iniciativas, sugerencias y posibilidades nuevas.

2. El despertar de una nueva conciencia

Sin embargo, es evidente que existe también un número creciente de laicos y laicas que viven su adhesión a Cristo y su pertenencia a la Iglesia de un **modo adulto y renovado**.

Han personalizado su fe de manera responsable, participan, de forma más viva y activa en la liturgia, se comunican con otros creyentes, están en la Iglesia como "algo muy suyo" y, por eso, adoptan una actitud más comprometida, abierta y crítica.

No sin dificultades y tensiones, van ocupando un lugar más importante dentro de las comunidades cristianas. Una buena parte de estos laicos, aun sin participar en organizaciones de ningún tipo, se preocupan de verdad por la comunidad cristiana, van tomando conciencia de su responsabilidad, tratan de vivir su vida familiar, profesional, social, con madurez y coherencia cristiana.

El cambio es profundo y claro. Se debe, sin duda, a un **cambio de actitud eclesial** que alcanza un punto decisivo en el Vaticano II, el primer concilio que se ha ocupado de los laicos directa y explícitamente.

Influye, sin duda, el **clima sociocultural** que favorece la responsabilidad personal, el sentido comunitario y social, la crítica a lo institucional, la cultura creciente de la población, etc.

Y también, sin duda, la **actuación responsable de los presbíteros** que comienzan a trabajar con un nuevo estilo de colaboración fraterno y corresponsable.

3. Participación dentro de la comunidad eclesial

Fruto de esta nueva conciencia es un hecho que algunos consideran como el dato más positivo y prometedor para el futuro de la Iglesia: son muchos los laicos que, conscientes de su responsabilidad y con una voluntad de servicio incondicional, se han ido **comprometiendo** estos años en diversas tareas pastorales y se han integrado en diferentes organismos eclesiales (comisiones, consejos pastorales, organismos diocesanos...).

Sin ellos hoy sería absolutamente imposible la transmisión de la fe a las nuevas generaciones, la acción caritativa y el servicio a los marginados, la celebración de la liturgia.... en una palabra, la marcha de la comunidad cristiana.

Hay que destacar que este laicado activo y comprometido en el interior de la Iglesia está formado en su gran mayoría por **mujeres** que van tomando conciencia creciente de que, a pesar de esta presencia tan importante, no son debidamente valoradas y reconocidas por la Iglesia.

A pesar de este hecho tan positivo de la participación laical dentro de la comunidad eclesial, hay que señalar dos datos:

- Los laicos que se comprometen de manera responsable y estable son pocos, casi siempre los mismos, y los mismos para todo.
- A pesar de esta participación tan importante de laicos y laicas, la responsabilidad de la dirección en los diferentes campos sigue casi siempre en manos de los presbíteros. La acción pastoral está todavía pensada, dirigida y encauzada casi exclusivamente por los presbíteros.

4. Presencia en la sociedad

Es necesario señalar también otro hecho muy positivo. Son bastantes los laicos y laicas que, motivados por su fe, se comprometen activamente en diferentes campos y tareas temporales, fuera de la Iglesia, tomando parte en estructuras cívicas, culturales, sociales y políticas. Son laicos comprometidos que construyen el Reino de Dios y evangelizan el mundo sin que, muchas veces, su compromiso sea reconocido y valorado debidamente en la comunidad eclesial.

No hemos de pensar solo en los "grandes" compromisos a nivel de la vida política o cultural. Pensemos en tantos padres y madres que se hacen presentes en el campo de la familia y la educación (asociaciones de padres de alumnos, movimientos familiares, etc.). Pensemos también en quienes toman parte en asociaciones de vecinos, ayuntamientos, actividades culturales y deportivas que favorecen la humanización de barrios y pueblos.

Hoy día hemos de destacar, sobre todo, el auge del **voluntariado cristiano** en muy diversos campos de marginación y promoción humana: movimientos sociales, plataformas, organizaciones no gubernamentales, ayuda al Tercer Mundo, servicio a marginados, enfermos, discapacitados, asociaciones humanitarias (Teléfono de la Esperanza, presencia en las cárceles...). Ellos aseguran y encarnan la presencia de los valores evangélicos y del amor cristiano en el mundo.

5. El laicado organizado

También en la época anterior al Concilio existían asociaciones organizadas de laicos. Recordemos las hermandades, cofradías, terceras órdenes, asociaciones pías que se constituían con diferentes objetivos. Por otra parte, recordemos también la Acción Católica y los movimientos apostólicos (HOAC, JOC, etc.), que promovieron con gran fuerza la militancia cristiana en el campo obrero, sindical, universitario, rural, etc., en los años del franquismo. Hoy estamos viviendo otro momento social y eclesial.

Los movimientos de Acción Católica entraron en fuerte crisis; las cofradías, hermandades, etc., han cambiado de signo o languidecen sin apenas vida. Después del Concilio aparecen, no sin problemas, otro tipo de movimientos, comunidades y asociaciones tales como el Opus, las Comunidades neocatecumenales, Comunión y Liberación, Focolares, Carismáticos, etc. Junto a ellos, es de señalar el esfuerzo por renovar la Acción Católica general e impulsar los movimientos apostólicos.

6. Dos hechos preocupantes

Dentro de este impulso de un laicado más corresponsable y activo hemos de anotar, sin embargo, dos hechos preocupantes:

■ Los laicos se vienen incorporando, sobre todo, a tareas y servicios internos de la comunidad y no tanto en los diferentes ámbitos de la vida temporal. Preocupados por la falta de fuerzas, los presbíteros buscan, ante todo, **colaboradores inmediatos** en el interior de la parroquia, con el riesgo de arrancarlos de su misión más propia y específica de laicos en la vida familiar, profesional, cultural, social, política.

Es explicable que, en unos tiempos de crisis y debilitamiento de las comunidades cristianas, se piense en fortalecer la misma comunidad, pero, como diremos, no hemos de olvidar que

"la tarea primaria e inmediata de los laicos no es la instalación y desarrollo de la comunidad eclesial..., sino poner en práctica todas las posibilidades evangélicas escondidas, pero a su vez ya presentes y activas en las cosas del mundo. El campo propio de su actividad evangelizadora es el mundo vasto y complejo." (*EN* 70)

- Por otra parte, se puede observar que, con frecuencia, este desarrollo e incorporación activa de los laicos no logra introducir en el seno de la comunidad cristiana las preocupaciones, problemas y experiencias de la vida del mundo. Muchos de los laicos realizan su servicio sintiéndose meros colaboradores del clero, pero **sin aportar su propia experiencia seglar** del mundo y de la vida.

Mas aún, hay laicos que pierden su propia identidad laical y actúan como un "clero de segundo orden", con mentalidad, lenguaje, esquemas y formas de actuación típicamente clericales. De ahí la importancia de que los laicos no solo participen activamente en la Iglesia, sino de que descubran y desarrollen su propia identidad laical.

7. Las relaciones entre el clero y el laicado

Es un tema decisivo. El paso de una Iglesia clerical a una Iglesia corresponsable donde todos los bautizados desarrollen su propia tarea y misión no se producirá sin tensiones, resistencias y conflictos. El desarrollo de un **laicado adulto y responsable** lleva consigo necesariamente la exigencia de que el clero encuentre su verdadero lugar, desprendiéndose de tareas y actividades que no tienen por qué estar en sus manos. Se trata, por tanto, de una transformación o conversión profunda y general de todos.

Los laicos habrán de sacudirse de encima su pasividad, comodidad e inhibición; habrán de dedicar tiempo a su compromiso activo en el interior de la comunidad cristiana o en la sociedad. Pero, por su parte, los presbíteros tendrán que superar actitudes de protagonismo indebido, control total de la comunidad, autoritarismo, recelo y desconfianza en los laicos, trato poco fraterno, aislamiento y superioridad.

Estas actitudes del clero, llamadas a desaparecer, tienen sus raíces en una **mentalidad**

clerical que se convierte en un obstáculo para la promoción de un laicado adulto. No pocos presbíteros que hacen esfuerzos sinceros por fomentar la vocación y la responsabilidad de los laicos tienen una visión falsa del laicado que se puede resumir así:

- Se sigue considerando, en el fondo, al laico como destinatario de su dedicación pastoral: los presbíteros se entregan al pueblo cristiano, trabajan a su servicio, lo guían, lo dirigen..., pero siempre son ellos los que hacen todo por los laicos. No se ven trabajando junto con ellos, codo con codo, al servicio del Reino de Dios. Son presbíteros **para** los demás, no **con** los demás. El laico es el objeto de la dedicación clerical.

- Se busca al laico como **colaborador de la misión del presbítero**, para ayudarle en aquello a lo que ya él no llega. Se produce entonces una paradoja curiosa: El sacerdocio es un servicio concreto a la comunidad. Pero el presbítero busca "servidores" para que le ayuden a él en su servicio a la comunidad. En el fondo, es él quien sigue siendo el factor decisivo de todo. Este presbítero nunca confiará a los laicos responsabilidades de dirección, no les ayudará a encontrar su verdadero lugar en la comunidad. Lo único que hará es rodearse de laicos útiles, elegidos a dedo, dirigidos por él y al servicio de su responsabilidad pastoral ("necesito catequistas", "me hace falta un monitor", "voy a formar un Consejo Pastoral"). El presbítero sigue siendo el único protagonista.

Todo esto tiene graves consecuencias. Señalo, sobre todo, dos:

- No son pocos los laicos que, deseando sinceramente trabajar en la Iglesia, se ven **frenados** por esta actitud clerical. Desean comprometerse al servicio de una Iglesia más evangélica, fraterna y comunitaria, más viva, más presente en los problemas de hoy, más entregada al servicio de los marginados, pero no quieren ser meros colaboradores al servicio de los intereses del cura de turno.

- Por otra parte, los presbíteros en vez de ser estimuladores de las diversas vocaciones y servicios, en el interior del Pueblo de Dios, siguen actuando, rodeados de laicos colaboradores, pero como los únicos responsables y ejecutores últimos de casi todo. Pero, pronto sucede lo inevitable; tarde o temprano estos presbíteros terminan limitando su trabajo y creatividad a las tareas más fundamentales (catequesis de infancia, confirmación, cáritas, culto), rodeados de un pequeño grupo de laicos a su servicio. De esta manera, la comunidad se empobrece en su interior y va quedando vacía de fuerza evangelizadora, hacia el exterior.

Esta sencilla aproximación a la realidad nos hace ver ya la necesidad urgente de que todos –no solo los laicos, también el clero– tomemos conciencia más clara de la identidad y de la misión propia del laicado en la Iglesia y en el mundo.

2
La Iglesia
es comunión

Para clarificar la identidad y misión de los laicos (y, al mismo tiempo, la del clero), es necesario tener una visión clara de la Iglesia. Sin pretender ofrecer aquí una teología completa de la Iglesia, nos detendremos en los dos rasgos fundamentales que el Concilio Vaticano II ha destacado de manera particular.

- La Iglesia es **comunión**, comunidad, fraternidad de unos hombres y mujeres que han recibido el mismo bautismo y viven animados por el Espíritu del mismo Señor.
- Pero, al mismo tiempo, la Iglesia es **misión**. Esta comunidad de Jesús no es, no existe para sí misma. Está llamada a encarnarse en el mundo. Ha de sentirse enviada a testimoniar el Evangelio en medio del mundo, a hacer presente la fuerza salvadora de Cristo entre los hombres.

Estas son las dos claves fundamentales que nos van a permitir situar correctamente a los laicos tanto en el interior de la comunidad eclesial como en medio del mundo. Comunión y misión son dos aspectos fundamentales de la Iglesia que son inseparables.

Si nos preocupamos solo de crear comunión, comunidad, sin preocuparnos de la misión, podemos terminar construyendo una Iglesia sectaria, un gueto o refugio para los fieles practicantes. Si nos limitamos a desarrollar la misión sin crear comunidad, podemos caer en la dispersión, en el vaciamiento de la comunidad, el proselitismo individualista.

La comunión nos descubrirá la importancia de los laicos y laicas para la construcción y el crecimiento de la comunidad eclesial. La misión nos permitirá captar el papel insustituible de los laicos para construir el Reino de Dios en el mundo.

1. Recuperación de la Iglesia-comunión

Durante muchos siglos y por razones que no podemos analizar aquí, la Iglesia se ha ido desarrollando como una estructura jerárquica, organizada en estratos y que puede ser sugerida con la imagen de una "pirámide". En la cúspide está el papa, vicario de Cristo en la tierra; bajo él, el cuerpo de los obispos; más abajo, el clero presbiteral, los religiosos y las religiosas; por último los laicos y, por fin, las laicas.

Todo funciona como si la acción del Espíritu actuara en cascada. El primer depositario de la revelación, de la gracia y del Espíritu sería el papa, luego los obispos, el clero, los laicos.

Dentro de la Iglesia habría una especie de "super-Iglesia". No todos serían de la misma dignidad. Hay unos pastores y un rebaño. Hay una jerarquía y hay un pueblo fiel, de laicos.

El Concilio Vaticano II supera esta visión piramidal de la Iglesia y con diversas expresiones e imágenes subraya que la Iglesia es comunión, comunidad fraterna de creyentes, fundamentada en la recepción de un mismo bautismo y de un mismo Espíritu.

Se puede decir que la comunión es la idea central y fundamental de la eclesiología del Vaticano II. La Iglesia no debe ser ya imaginada como una pirámide sino como un círculo, una comunidad, una familia. El Espíritu actúa en todos. La dignidad de todo creyente arranca de su bautismo y su comunión con Cristo. La dignidad cristiana del papa, del obispo, del presbítero es la misma que la de cualquier laico. No son unos superbautizados. Son cristianos con una misión propia.

Para destacar esta visión de la Iglesia, el Vaticano II emplea una nueva terminología. La Iglesia es "el pueblo de Dios" que ha de ser "germen de esperanza y de salvación para todo el género humano" (*LG* 9). Con ello se subraya la igualdad de todos en cuanto al ser cristiano y a la dignidad, la vinculación fraterna que existe entre todos, la misión común a impulsar entre todos, el destino común hacia el que caminamos todos.

El Vaticano II va a insistir, sobre todo, en la igualdad. "Cuanto se ha dicho del Pueblo de Dios se dirige por igual a los laicos, religiosos y clérigos" (*LG* 30). Por decirlo de manera sencilla, todos somos "laicos", pertenecientes al "laos" o Pueblo de Dios.

Es cierto que hay diferentes ministerios, carismas y vocaciones, pero el Concilio insiste: "Se da una verdadera igualdad entre todos en lo referente a la dignidad y a la acción común de todos los fieles" (*LG* 2).

2. La experiencia de la comunión eclesial

Pero ¿qué es esta comunión de todos?, ¿en qué consiste? Esta comunión no es de orden sociológico. No es fruto de un consenso logrado por el juego de las mayorías y minorías hasta llegar a un acuerdo doctrinal o pastoral.

No es tampoco de orden jurídico. No se logra por decreto, de manera institucional. No es la autoridad jerárquica la que logra la comunión o la unidad.

La comunión la crea el Espíritu de Cristo, presente en toda la Iglesia y en cada uno de sus miembros. La jerarquía no hace sino presidir esa comunidad que solo puede ser creada por el Espíritu de Cristo derramado en nuestros corazones.

Vamos a detenernos en esta **comunión de orden espiritual**.

■ Lo primero que hemos de recordar es que el Espíritu no es privilegio de un grupo o estamento. El Espíritu **se da a toda la comunidad** eclesial.

"En un solo Espíritu hemos sido todos bautizados, y todos hemos bebido de un solo Espíritu." (1 Cor 12,13)

El mismo Espíritu está actuando en todos nosotros. Él crea a la Iglesia, él le da su fuerza, le infunde su dinamismo, la unifica y la vivifica permanentemente.

Él crea la comunión (koinonía), la comunidad del Espíritu. Su primera acción es construir la comunión eclesial. No hay en la Iglesia sectores que gozan de la garantía del Espíritu y sectores privados de Espíritu. Todo el Pueblo de Dios posee el Espíritu. El Espíritu es para todos.

"Y si alguno no tiene el Espíritu de Cristo, ese no es de Cristo." (Rom 8,9)

■ El Espíritu **no deshace nunca la comunión**, no disgrega al Pueblo de Dios. Los diversos dones o carismas (*charismata*) que se dan en la Iglesia han de ser entendidos y vividos como manifestación y concreción de la única gracia (*charis*) del Espíritu que alienta a toda la Iglesia. Por eso, "la manifestación del Espíritu se le da a cada uno para el bien común". (1 Cor 12,7)

El Espíritu no separa a nadie de los demás ni lo sitúa por encima de otros. Ni siquiera la jerarquía ha de ser entendida como si ella fuera la primera depositaria del Espíritu de Cristo y solo desde ella se transmitiera luego a los demás.

Por ello, nadie puede pretender acaparar al Espíritu y menospreciar o ignorar la acción del Espíritu en los demás.

Esa es la gran tentación de la jerarquía: creer que el Espíritu tiene que pasar necesariamente por ella para actuar, dinamizar y dirigir a su Iglesia. Al contrario, la comunión exige sentido de complementariedad, diálogo, colaboración, corrección mutua. Nos necesitamos todos.

"No puede decir el ojo a la mano: no te necesito; ni la cabeza a los pies: no os necesito." (1 Cor 12,21)

El Espíritu comunica sus dones de tal manera que cada uno necesita de los demás, y nadie puede pensar que él, con su don del Espíritu, se encuentra por encima de los demás.

3. La corresponsabilidad

La comunión exige una Iglesia corresponsable. Todos somos Iglesia y todos hacemos la Iglesia. Como dice el Vaticano II,

> "La Iglesia entera es misionera y la obra de la evangelización es un deber fundamental del Pueblo de Dios." (*AG* 35)

¿Qué significa corresponsabilidad? Significa que en la Iglesia todos los miembros son, de alguna manera, **necesarios**. Nadie es superfluo o inútil. Nadie ha de ser considerado como innecesario. Nadie sobra.

Significa que todos los miembros en la Iglesia han de ser **activos**. Nadie ha de considerarse solo y exclusivamente pasivo, objeto de la acción de los demás. Todos estamos llamados a construir la Iglesia y a participar activamente en su misión evangelizadora.

> "La Iglesia no está verdaderamente formada, ni vive plenamente, ni es representación perfecta de Cristo entre las gentes, mientras no exista y trabaje con la jerarquía un laicado propiamente dicho... Por eso, desde la fundación de la Iglesia

hay que atender, sobre todo, a la constitución de un laicado maduro." (*AG* 21)

La corresponsabilidad no significa que todos en la Iglesia tengamos idéntica misión o que todos podamos y debamos hacer lo mismo. En la Iglesia hay diversidad de carismas y, por tanto, diversidad de vocaciones y funciones. Pero cada uno recibe su carisma **para el bien de toda la comunidad**, cumple su misión dentro de la comunidad y lo hace en colaboración y complementariedad con otros fieles, portadores de otros carismas y funciones.

Por tanto, en la Iglesia todos somos corresponsables, aunque no todos seamos responsables de la misma manera, con el mismo carisma y en los mismos campos de acción. Se trata de una **corresponsabilidad orgánica y diferenciada**, propia de un organismo vivo. Recordemos la imagen paulina del cuerpo con diversos miembros (1 Cor 12,4-30).

4. Exigencias de la corresponsabilidad

La corresponsabilidad exige ir avanzando hacia una **distribución adecuada** de las tareas y responsabilidades en un clima de comunicación y complementariedad. Todos, laicos y presbíteros, hemos de ir encontrando nuestro sitio en la comunidad eclesial. No se trata de promover a los laicos para que absorban tareas y funciones que no son propias de los presbíteros. Ni tampoco de que los presbíteros lo sigan monopolizando todo, incluso lo que han de hacer los laicos. Corresponsabilidad no significa dejación por parte de los presbíteros, ni traspaso de responsabilidades propias a otros, sino distribución y animación de todos los carismas.

Ni inhibiciones ni extralimitaciones, porque la corresponsabilidad exige que:

- Laicos y presbíteros asuman su propia responsabilidad, realicen su servicio con generosidad, sin inhibirse, sin caer en la pasividad, sin desentenderse o actuar como meros espectadores.
- No nos extralimitemos, respetemos el carisma de los demás, confiemos en los otros,

colaboremos, no invadamos campos, no acaparemos otros carismas y funciones, ejerzamos el sentido de complementariedad.

Es necesario desarrollar mucho más una **pedagogía de responsabilidad y participación**:

- Confiar en las personas, dar responsabilidades, promover experiencias protagonizadas por los laicos, por modestas y limitadas que puedan parecer.
- Ofrecer campos nuevos a los laicos, desarrollar las posibilidades de las personas, acompañar en su crecimiento, capacitar, formar…

Para que todo esto no quede solo en buena voluntad es necesario asegurar **cauces de participación y corresponsabilidad**: asambleas, consejos, comisiones… De lo contrario, la corresponsabilidad queda bloqueada. Hemos de romper el "círculo vicioso": "nuestra Iglesia es clerical porque no tenemos laicos responsables, y no tenemos laicos responsables porque nuestra Iglesia es clerical". El único camino es responsabilizar a los laicos promoviendo **cauces** adecuados e impulsando su **formación**.

5. Presbíteros y laicos en una Iglesia-comunión

En la Iglesia hay diversidad de carismas y servicios, pero los laicos se encuentran en concreto ante el carisma de los presbíteros. ¿Cómo situarse y cómo entender y diferenciar a presbíteros y laicos?

- La diferencia no debe entenderse en términos de **actividad** y **pasividad**, como si a los presbíteros les compitiera la construcción activa de la Iglesia y a los laicos el ser destinatarios pasivos que se han de dejar servir.
- La diferencia no debe entenderse en términos de **superioridad** e **inferioridad**, como si el sacerdote fuera de rango superior, estuviera más cercano a Dios y a lo sagrado, o fuera, por el sacramento del orden, una especie de "superbautizado" que queda por encima de los que son solo bautizados.

Como dice K. Rahner,

"al lado, antes y por encima de la jerarquía ministerial, hay una jerarquía del espíritu, si bien oculta en el misterio de Dios, una jerarquía de la gracia, de la unión con Dios y de la santidad, que no se identifica ni corre paralela a la jerarquía del ministerio". [1]

La proximidad a Dios no es un privilegio de clase que se disfruta debido a un cargo.

■ La diferencia no está tampoco en la categoría de la **mediación**, como si el sacerdote fuera mediador entre Dios y los hombres, mientras los laicos no hicieran sino recibir esa mediación salvífica. No hay un grupo de bautizados elevados al rango de mediadores por encima de otros que quedarían solo para recibir los frutos de esa mediación. En realidad, el único mediador es Cristo. Y todos los cristianos, en la medida en que reciben la gracia de Cristo, se convierten en Cristo, y por Cristo, en fuente de gracia para los demás.

---

[1] K. RAHNER, *Siervos de Cristo*, Herder, Barcelona 1970, 35.

En realidad, el presbítero es un laico al que se le imponen las manos para que pueda actuar en la comunidad "en nombre de Cristo cabeza". Así habla el Vaticano II:

> "Los sacerdotes, por la unción del Espíritu Santo, quedan marcados con un carácter especial que los configura con Cristo sacerdote, de tal manera que puedan obrar en nombre de Cristo cabeza." (*PO* 12)

Esto significa que a los presbíteros se les encomienda y se les pide que ofrezcan a la comunidad el servicio de "re-presentar" o "hacer presente" a Cristo como cabeza, es decir, a Cristo como principio de vida que anima y vivifica a toda la comunidad y a Cristo como principio de comunión y de unidad de todo el cuerpo.

De aquí derivarán unas tareas propias, diferentes a las del laico, tal y como veremos más adelante.

3

La Iglesia
es misión

El otro rasgo fundamental es la misión. La comunidad eclesial no es para sí misma. Está llamada a abrirse a la misión. La fuerza de la comunión se manifiesta, sobre todo, en el vigor evangelizador, en la capacidad de la Iglesia en ser fermento liberador y transformador de la vida en medio del mundo.

1. La Iglesia entera es misionera

La Iglesia no es para sí misma. Está al servicio del Reino de Dios. Pablo VI recoge bien la eclesiología del Vaticano II en una frase citada con frecuencia:

> "Evangelizar constituye la dicha y la vocación propia de la Iglesia, su identidad más profunda. Ella existe para evangelizar." (EN 14)

Ese Espíritu que está en la Iglesia creando comunión, está en ella empujándola fuera de sí misma, hacia la misión. Así dice E. Schweizer:

"Una comunidad que no actúa en forma misionera no es una comunidad dirigida por el Espíritu." [2]

Pero no olvidemos que el Espíritu está en toda la Iglesia. Por eso, la misión evangelizadora no es deber o responsabilidad de un grupo de apóstoles o evangelizadores. Atañe a todos. El sujeto de la acción evangelizadora es toda la comunidad eclesial. La misión es de todo el Pueblo de Dios. La Iglesia entera es misionera y evangelizadora. Toda ella es enviada a construir el Reino de Dios:

"La Iglesia entera es misionera y la obra de la evangelización es un deber fundamental del Pueblo de Dios." (*AG* 35)

---

[2] E. Schweizer, *El Espíritu Santo*, Sígueme, Salamanca 1964.

2. La Iglesia en medio del mundo

Si la Iglesia quiere cumplir su misión ha de estar en **medio del mundo**. Es lo que nos ha recordado el Vaticano II: "La Iglesia está presente en el mundo y con él vive y obra" (*GS* 40). Es la condición normal de la Iglesia. Estar en el mundo sin ser del mundo, sin identificarse totalmente con él. No hemos de entender a la Iglesia como una comunidad que vive su propia vida, "junto a" o "por encima de" la sociedad, sino "dentro de" ella.

Desde esta perspectiva, se ha de decir que toda la Iglesia es secular; esto es, está en el "siglo" (mundo), somos seculares. Hemos de vivir nuestra adhesión y seguimiento a Cristo en medio de la sociedad. Toda la Iglesia tiene una "dimensión secular". No podemos concebir a la Iglesia desgajada del mundo, ajena a los problemas e inquietudes de la gente, insolidaria con la suerte de los pueblos donde vive, sino inserta en los sufrimientos de las gentes, compartiendo la vida de todos.

"Los gozos y las esperanzas, las tristezas y las angustias de los hombres de nuestro tiempo, sobre todo de los pobres y de cuantos sufren, son, a la vez, gozos y esperanzas, tristezas y angustias de los discípulos de Cristo. Nada hay verdaderamente humano que no encuentre eco en su corazón... La Iglesia se siente íntima y realmente solidaria del género humano, y de su historia." (*GS* 1)

Esta inserción de la Iglesia en el mundo se realiza, concreta y asegura, sobre todo, por la vida y la acción de los seglares que son, al mismo tiempo, miembros vivos de la Iglesia y ciudadanos de la sociedad civil. Toda la Iglesia es secular y está en el mundo, pero son los seglares los que viven en las condiciones ordinarias de la vida familiar, laboral, social y política. Son sobre todo ellos quienes enraízan y encarnan a la Iglesia en el mundo.

3. La Iglesia, al servicio del Reinado de Dios

La Iglesia no es el Reino de Dios. Es la comunidad que tiene como misión anunciarlo, promoverlo y extenderlo en medio del mundo. El Reino de Dios consiste en promover una sociedad más humana, fraterna, solidaria y justa, más digna del ser humano. Por tanto, si la Iglesia se preocupa solo de su vida, de sus estructuras y de su propio futuro, ha de ser siempre en función de su misión última, que es hacer presente el Reino de Dios en medio de la vida y la actividad de los hombres y mujeres.

Este servicio al Reino de Dios, como veremos más adelante, sería impensable sin el testimonio y sin la acción comprometida de los laicos en medio del mundo:

> "El carácter secular es propio y peculiar de los laicos... a quienes corresponde, por propia vocación, buscar el Reino de Dios gestionando los asuntos temporales y ordenándolos según Dios." (*LG* 31)

4. Tres actitudes fundamentales de la Iglesia en el mundo

El Vaticano II recuerda tres actitudes fundamentales de la Iglesia en el mundo. Conviene no olvidarlos.

La Iglesia ha de reconocer y respetar el **valor propio y autónomo** que tiene la actividad temporal en los diferentes ámbitos de la vida, sin pretender subordinar "lo temporal" al poder religioso. El mundo posee leyes, dinámicas y valores que le son propios. Por eso, la Iglesia no se puede identificar con ningún sistema político, económico o social concreto ni puede exigirlo a sus fieles en nombre del Evangelio:

> La Iglesia "en virtud de su propia misión y naturaleza, no está ligada a ninguna forma particular de civilización humana ni a sistema alguno político, económico o social." (*GS* 42)

La Iglesia ha de adoptar ante el mundo una actitud de **servicio incondicional** y no de poder dominante o instrumentalizador. El único título que la Iglesia ha de reivindicar en medio del mundo es el de estar siempre al servicio del ser humano y del dinamismo liberador de la humanidad.

La Iglesia ha de **colaborar** sin temor alguno con todos los hombres y mujeres de buena voluntad que promuevan el bien de la humanidad, los valores evangélicos y la liberación progresiva de todo aquello que esclaviza y deshumaniza al ser humano.

5. Tres graves tentaciones

El Vaticano II nos pone en guardia para evitar tres tentaciones a la hora de entender y vivir la misión en el mundo.

Tentación integrista

Sería el intento de volver a una situación de cristiandad en la que, de nuevo, las realidades temporales quedaran totalmente integradas en las estructuras de la Iglesia (estado confesional, prensa católica, partidos cristianos...).

La Iglesia puede tener sus propias iniciativas en el campo de la educación, sanidad, medios de comunicación, etc., como cualquier otra institución en una sociedad plural y democrática, pero no puede pretender dictar al mundo lo que se ha de hacer en los asuntos temporales y, menos aún, integrar esa actividad temporal en las estructuras eclesiales.

Tentación de gueto sociológico

Como ya la situación no es de cristiandad (una sociedad sometida a la Iglesia) algunos pueden pretender constituir una pequeña "cristiandad" en el seno de la sociedad moderna.

El Concilio invita a que se respete el pluralismo "sin tender fácilmente a vincular la propia solución con el mensaje evangélico" y "sin reivindicar en exclusiva a favor del propio parecer la autoridad de la Iglesia" (*GS* 43).

Tentación de repliegue eclesial

En una sociedad como la actual, en proceso de secularización y descristianización, es tentador para no pocos buscar "refugio" en el interior de la Iglesia olvidando, o incluso menospreciando, el compromiso temporal en medio del mundo (tentación de algunos movimientos y comunidades).

El Concilio señala que se equivocan los cristianos que "descuidan las tareas temporales" (*GS* 43) sin tener en cuenta que la propia fe les obliga a asumirlas según la vocación personal de cada uno.

4

Las tareas del laico
en la Iglesia

Después de siglos de clericalismo no es fácil imaginar las posibilidades que se le ofrecen a los laicos que asumen su participación con pleno derecho como miembros responsables y activos del Pueblo de Dios.

1. Diversidad de vocaciones, carismas y servicios

La diversidad de vocaciones, carismas y servicios constituye una fuente inagotable de enriquecimiento y renovación para la comunidad eclesial. Los laicos y laicas, como vamos a ver, se pueden hacer presentes en todos los campos desde su propia **identidad laical**, junto a los presbíteros y junto a los laicos y laicas consagrados a Dios en la vida religiosa.

Las tareas de los laicos dependen de su **vocación** que ha de ser bien discernida, de su **estado de vida** (matrimonios, célibes, viudos/as), de sus **cualidades**, de las **necesidades** en la comunidad, etc. Son tareas y servicios que pueden realizarse de manera individual o asociada, a través de cauces y estructuras permanentes o de forma más coyuntural y espontánea, pero siempre articulándose con los demás carismas de la comunidad y siempre al servicio del bien común.

Esta actividad pluriforme y variada hemos de entenderla siempre dentro de una Iglesia comunión donde el "ministerio ordenado" tiene el servicio de representar a Cristo como principio de vida y de animación y como principio de unidad y comunión.

2. La-tarea profética de los laicos

Todo el Pueblo de Dios es **responsable de la misión profética y evangelizadora**. Todos los miembros del Pueblo de Dios están llamados a anunciar la Palabra de Dios de muchas y diversas maneras. Todos pueden dar y recibir la Palabra, todos pueden evangelizar y ser evangelizados.

¿Cuál es la tarea propia del presbítero?

- En cuanto representante de Cristo como principio de vida, a él se le encomienda el servicio de recordar a todos que la Palabra salvadora viene de Dios, no es fruto de nuestro esfuerzo y reflexión. Solo Cristo es el Señor del Evangelio.

El presbítero ha de preocuparse de que la palabra que se esté anunciando en aquella comunidad sea realmente la Palabra de Cristo, no la arbitrariedad de una persona o de un grupo.

- Por otra parte, en cuanto representante de Cristo como **principio de unidad** el presbítero es el responsable de que, en el anuncio del Evangelio, no haya enfrentamientos y disensiones, sino diálogo, complementación, colaboración ordenada.

Al presbítero, pues, se le pide que suscite vocaciones para el anuncio del Evangelio y la catequesis, que favorezca el respeto, la mutua escucha y la colaboración entre todos, y que lo que se anuncia y comunica sea el Evangelio de Cristo.

Supuesto este servicio, son los laicos y laicas los llamados a anunciar el Evangelio **con pleno derecho en todos los órdenes**. Ellos pueden predicar, catequizar a niños, jóvenes y adultos, dirigir espiritualmente, dar Ejercicios, enseñar teología, hablar a los enfermos, exponer el mensaje cristiano, preparar para la recepción adecuada de los sacramentos, denunciar las situaciones injustas, educar la fe de sus hijos, dar testimonio del Evangelio en cualquier situación, dialogar con personas alejadas.

En 1997 se dio a conocer una Instrucción elaborada conjuntamente por ocho Congregaciones romanas sobre algunas cuestiones acerca de la colaboración de los laicos en el ministerio de los sacerdotes.

Al hablar del "ministerio de la palabra" afirma que "los fieles no ordenados participan según su propia índole de la función profética de Cristo, son constituidos sus testigos y proveídos del sentido de la fe y de la gracia de la palabra". [3]

---

[3] *Algunas cuestiones acerca de la colaboración de los fieles laicos en el sagrado ministerio de los sacerdotes*. Instrucción de las Congregaciones para el Clero, Doctrina de la Fe, para el Culto Divino y la Disciplina de los Sacramentos, para los Obispos, para

Al mismo tiempo, da algunas orientaciones: reserva la homilía durante la celebración de la Eucaristía solo a los ministros ordenados, pero los laicos pueden hacer breves explicaciones, dar su testimonio, participar en un diálogo moderado por el presbítero y hacer homilías fuera de la Eucaristía.[4]

3. La tarea cultual de los laicos

El culto verdadero a Dios, según la fe cristiana, es "el culto espiritual", es decir, la vida misma vivida desde el Espíritu de Cristo.

> "Os exhorto, hermanos, por la misericordia de Dios, a que ofrezcáis vuestros cuerpos como víctima viva, santa, agradable a Dios; ese será vuestro culto espiritual." (Rom 12,1)

---

la Evangelizacion de los Pueblos, y para los Institutos de Vida Consagrada y las sociedades de Vida Apostólica, y de los Pontificios Consejos para los Laicos, y para la Interpretación de los Textos Legislativos, art. 2, n. 2 (Ciudad del Vaticano, 15 de agosto de 1997).

[4] La homilía se considera parte de la misma liturgia eucarística que ha de presidir el presbítero.

Todo el Pueblo de Dios está llamado a ofrecer ese "culto espiritual" en la vida diaria, y todos están también llamados a reunirse en asamblea para expresarlo litúrgicamente y unirlo al sacrificio de Cristo en la Eucaristía.

Los laicos no son miembros pasivos ni al ofrecer el culto en la vida, ni al expresarlo litúrgicamente en la celebración. El que "celebra" la Eucaristía no es el presbítero, sino la comunidad (él preside). El que casa no es el sacerdote, son los novios, etc.

> "La santa Madre Iglesia desea ardientemente que se lleve a todos los fieles a aquella participación plena, consciente y activa en las celebraciones litúrgicas que exige la naturaleza de la liturgia misma y a la cual tiene derecho y obligación, en virtud del bautismo, el pueblo cristiano." (*SC* 14)

¿Cuál es la tarea específica del presbítero? Hacer presente a Cristo, en medio de la asamblea litúrgica, como principio de vida y principio de unión y comunión. Por eso, preside la celebración de la Eucaristía, centro y culmen de la liturgia cristiana. Desde esa responsabilidad, es él quien ha de preocuparse de que todo el Pueblo de Dios participe de forma variada y orgánica, con sentido de comunión.

Supuesto esto, todos los laicos pueden y deben participar activamente en **preparar**, **organizar y realizar** la celebración cristiana (lecturas, cantos, oración). De ahí la diversidad de **tareas y servicios**: monitores, cantores, director de canto, organistas, acólitos, lectores, distribuidores de la comunión. En toda celebración se debería ver con claridad que es todo el Pueblo el que toma parte, interviene y realiza la celebración. El sacerdote solo preside.

En la citada Instrucción de 1997 se insiste en que se eviten abusos en la intervención de los laicos (presidir, ornamentos, plegaria eucarística, etc.), pero por razones de necesidad, da orientaciones diversas para que los fieles no ordenados puedan presidir bodas, bautizar y presidir exequias eclesiásticas.

4. La tarea pastoral de los laicos

La comunidad crece, se desarrolla y vive con la aportación variada de todos los miembros del Pueblo de Dios, según sus diversas vocaciones y carismas. El conjunto de posibilidades es múltiple: organización y planificación del trabajo, administración económica, acogida a quienes se acercan, asistencia a enfermos, caridad hacia los necesitados, atención a las familias, etc.

La tarea del presbítero no es hacerlo todo, controlarlo todo, ni siquiera dirigirlo todo.

- Él, como representante de Cristo, principio de vida, ha de dedicarse a animar, suscitar, promover, fomentar vocaciones, estimular la participación, promover la corresponsabilidad.
- Por otra parte, como representante de Cristo, principio de unión y comunión, ha de preocuparse de que se trabaje de forma coordinada y convergente, que no haya disensiones o enfrentamientos, que crezca el sentido de pertenencia a la comunidad, que crezca el diálogo y la comunión.

Supuesto esto, gran parte de la actividad que llevan a cabo hoy los sacerdotes podría y debería ser desarrollada por laicos (administración económica, desarrollo de cáritas, visita a enfermos, acogida a parejas y padres...). Por otra parte, el hecho de que el presbítero presida en nombre de Cristo la comunidad no ha de impedir que los laicos asuman **tareas de dirección y de responsabilidad** a diversos niveles (pastoral familiar, catequesis, pastoral juvenil, acogida, etc.).

Por lo demás, es en esta construcción de la comunidad cristiana donde hay que insistir en la necesidad de promover verdaderos **cauces de participación** (asambleas, consejo pastoral, etc.).

5. Ministerios laicales

El desarrollo de un laicado responsable y activo plantea la necesidad de instaurar servicios estables, con entidad propia, y más consolidados en la comunidad cristiana. Son los "ministerios laicales".

Conviene que se establezcan como servicios **cualificados** en función de la comunidad y de su misión; **reconocidos** oficialmente por la diócesis o la comunidad; con un tiempo de continuidad o **estabilidad** adecuado, y en muchos casos **remunerados**.

Las diócesis están llamadas a configurar estos ministerios laicales según las necesidades y con el debido discernimiento y formación de los laicos. Puede haber ministerios en todos los campos:

- **liturgia**: lectores, acólitos, distribuidores de la comunión;
- **catequesis**: catequistas, educadores de la fe;
- **caridad**: servicio a los enfermos...

5

Las tareas del laico en el mundo

Los laicos son miembros de una Iglesia enviada al mundo como "sacramento de salvación". Y es precisamente en esta misión al mundo donde aparece con más claridad toda la importancia del laicado.

1. El ámbito temporal, lugar propio del seglar

Los laicos pueden colaborar de muchas maneras en la vida y desarrollo de la comunidad cristiana, pero su campo más propio de acción es el mundo.

> "A los laicos pertenece, por propia vocación, buscar el Reino de Dios tratando y ordenando, según Dios, los asuntos temporales." (*LG* 31)

Lo ha recordado con fuerza Pablo VI:

"Su tarea primera e inmediata no es la instalación y desarrollo de la comunidad eclesial –esta es función específica de los pastores–, sino poner en práctica todas las posibilidades cristianas y evangélicas escondidas, pero a su vez ya presentes y activas en las cosas del mundo." (*EN* 70)

El Papa cita la política, la realidad social, la economía, la cultura, la ciencia, el arte, los medios de comunicación social, la familia, la educación, el trabajo profesional, el mundo del dolor, como algunos de los campos propios de los laicos.

En todo ese vasto y complejo mundo se ha de hacer presente el laicado, según la vocación propia y las posibilidades de cada cual. No basta el compromiso dentro de la comunidad:

"Ahí están llamados por Dios para que, desempeñando su propio cometido, guiándose por el espíritu evangélico, contribuyan a la santificación del mundo como desde dentro, a modo de fermento." (*LG* 31)

2. Desde su condición seglar

Según el Concilio, "el carácter secular es lo propio y peculiar de los laicos" (*LG* 31), lo que cualifica de manera propia su vivencia de la fe y su acción evangelizadora.

La acción de los seglares "adquiere una nota específica y una peculiar eficacia por el hecho de que se realiza dentro de las comunes condiciones de vida en el mundo". (*LG* 35)

Ellos viven insertos en un hogar, haciendo vida de pareja, sacando adelante una familia, con un trabajo o profesión, con responsabilidades cívicas, etc. No tienen que abandonar su entorno natural y secular. Ahí han de vivir. Su testimonio adquiere así una **peculiar eficacia** por el mismo hecho de provenir, no de un sacerdote o religioso, sino de un seglar.

Por ello, la disminución de presbíteros en activo y la colaboración cada vez más estrecha de presbíteros, religiosos y laicos en la comunidad, no nos ha de hacer olvidar que "a los laicos competen propiamente, aunque no exclusivamente, las tareas y el dinamismo seculares" (*GS* 43).

3. El cumplimiento fiel de la tarea temporal

La primera tarea de los seglares en el mundo es "cumplir con fidelidad sus deberes temporales, guiados siempre por el espíritu evangélico" (*GS* 43). Ser un buen padre, un profesional competente, un ciudadano honesto y responsable, un vecino solidario, un estudiante responsable, un deportista ejemplar. Lo primero es el **testimonio de vida**. No las palabras y los discursos, sino los gestos, las obras, la vida responsable y sana.

No es bueno que los laicos descuiden sus tareas y compromisos familiares, sociales o cívicos para encerrarse en su mundo religioso o eclesial.

Juan Pablo II alerta de "la tentación de reservar un interés tan marcado por los servicios y las tareas eclesiales, de tal modo que frecuentemente se ha llegado a una práctica dejación de sus responsabilidades específicas en el mundo profesional, social, económico, cultural o político". (*ChL* 2)

El Vaticano II pide, además, que "no se creen oposiciones artificiales entre las ocupaciones profesionales y sociales, por una parte, y la vida religiosa, por otra" (*GS* 43). Ellos están llamados a "contribuir desde dentro a la santificación del mundo... brillando, ante todo, con el testimonio de su vida, fe, esperanza y caridad" (*LG* 31).

4. Compromiso transformador

Pero el laico cristiano no está presente en el mundo de cualquier manera. Su presencia está motivada por un inequívoco compromiso transformador a favor de un mundo más humano. Por eso, se sitúa siempre a favor de los que sufren por la injusticia y la insolidaridad social.

Según el Concilio, la presencia de los seglares en el mundo ha de ser transformadora:

"Los seglares han de procurar, en la medida de sus fuerzas, sanear las estructuras y los ambientes del mundo." (*LG* 36)

Su compromiso está dirigido a transformar ambientes, mejorar costumbres, corregir estructuras, evangelizar criterios de actuación, estados de opinión, planteamientos colectivos, etc.

Así decía Pablo VI:

"Evangelizar significa para la Iglesia llevar la Buena Noticia a todos los ambientes de la humanidad y, con su influjo, transformar desde dentro y renovar a la misma humanidad... convertir la conciencia personal y colectiva de los hombres, la actividad en la que están comprometidos, su vida y ambiente concretos." (*EN* 18)

Ellos están llamados como nadie a ser "sal", "luz" y "levadura". Lo dice san Juan Pablo II:

"Las imágenes evangélicas de la sal, de la luz y de la levadura, aunque se refieren indistintamente a todos los discípulos de Jesus, tienen también una aplicación específica a los fieles laicos." (*ChL* 15)

5. Hacer presente a la Iglesia en el mundo

Esta presencia evangélica de los laicos en medio del mundo no es algo meramente individual y privado. Están ahí, según el Concilio, "haciendo presente y operante a la Iglesia". El laico "se convierte en testigo e instrumento vivo, a la vez, de la misión de la misma Iglesia" (*LG* 33).

Una Iglesia reducida a su vida interna, centrada en el culto y la catequesis, anunciando el Evangelio en el interior de los templos, privada de laicos que, encarnados en el mundo, hagan presente el Reino de Dios, es una Iglesia sin fuerza evangelizadora, sin vigor salvador.

Por eso, dice el Concilio:

"Los laicos... están llamados particularmente a hacer presente y operante a la Iglesia en los lugares y condiciones donde ella no puede ser sal de la tierra si no es a través de ellos. Así, pues, todo laico, por los mismos dones que le han sido conferidos, se convierte en testigo e instrumento vivo, a la vez, de la misión de la misma Iglesia en la medida del don de Cristo [Ef 4,7]." (*LG* 33)

6. Traer la experiencia del mundo al interior de la Iglesia

Hay también que recordar una tarea que, a veces, se echa en falta entre nosotros. Los laicos están llamados a traer a la Iglesia la experiencia de la vida, los problemas, las preocupaciones, los interrogantes del hombre o la mujer de hoy.

Desde su propia experiencia en medio del mundo, han de "secularizar" a la Iglesia, hacerla más cercana a la vida, más humana, encarnarla en la experiencia de las gentes.

> "Acostúmbrense los seglares a trabajar en la parroquia íntimamente unidos con sus sacerdotes; a presentar a la comunidad de la Iglesia los problemas propios y del mundo, los asuntos que se refieren a la salvación de los hombres, para examinarlos y solucionarlos por medio de una discusión racional; y ayudar, según sus fuerzas, a toda empresa apostólica y misionera de su familia eclesial." (*AA* 10)

7. El apostolado asociado

Son diversas las razones en las que se basa la Iglesia para insistir hoy en la necesidad de promover un apostolado asociado de laicos, desarrollando grupos, asociaciones, movimientos, comunidades, etc.

Aunque el compromiso de la mayoría de los laicos será individual y se llevará a cabo en el ámbito natural y cercano donde vive cada uno (familia, trabajo, vecindad, etc.), es importante impulsar el asociacionismo. Las **razones** son muchas.

- Es más fácil cuidar la propia **espiritualidad laical** en grupo aprendiendo desde la comunicación y el contraste de experiencias a ir haciendo una síntesis entre fe y vida.
- Es más posible la **formación integral**, sistemática y organizada, el aprendizaje del método de la revisión de vida, etc.
- Es más fácil madurar la conciencia de **pertenencia a la Iglesia** y la identidad comunitaria y eclesial adulta.

- Es más fácil **discernir** en grupo la propia vocación, asumir responsabilidades y revisar entre todos los compromisos adquiridos.
- Es más posible sostener el **testimonio** e incidir en el **compromiso transformador** en un determinado ámbito (Movimiento Familiar Cristiano, Cristianos en la Enseñanza), o en un ambiente concreto (Apostolado del Mar, Apostolado Rural, movimientos especializados, etc.). Esta presencia social es más significativa y eficiente.

6

Perfil del laico cristiano

De manera breve, vamos a señalar algunos rasgos propios del laico cristiano, que es necesario tener en cuenta para cultivar una espiritualidad laical.

1. Seguidor de Cristo

El primer rasgo que define al laico cristiano es su adhesión a Cristo, su respuesta a la llamada de Cristo, su seguimiento fiel. Ahí está la fuente de toda vocación cristiana: en la adhesión incondicional a su persona y a su Evangelio. Ahí está la fuente del ser y del obrar laical.

Esto exige una **espiritualidad de seguimiento y discipulado**. El laico se siente llamado a encarnar los mismos sentimientos y actitudes que tuvo Cristo. Seguir a Cristo es identificarse con él, adherirse a su persona, dejarse configurar por él, inspirarse en su Espíritu, mirar la vida como la miraba él, tratar a la gente como él la trataba, poner la esperanza donde la ponía él, defender su causa... Irse haciendo "cristiano".

El Vaticano II proclama que "todos los cristianos, de cualquier estado o condición, están llamados a la plenitud de la vida cristiana y a la perfección del amor" (*LG* 40), naturalmente, desde su propia condición laical.

2. Al servicio del Reino de Dios

Seguir a Cristo es ponerse al servicio del Reino de Dios, que es el objetivo al que se entregó, por el que vivió y murió Jesús. Esto tiene diversas exigencias.

- Lo primero es **renunciar a toda clase de ídolos y falsos dioses** (dinero, bienestar, poder), para rendir nuestro ser solo a Dios nuestro Padre y buscar solo su voluntad, que es la felicidad de todas y cada una de sus criaturas.
- Exige, además, **trabajar por una sociedad donde reine Dios**. Si reina Dios, no pueden reinar los fuertes sobre los débiles, los ricos sobre los pobres, los varones sobre

las mujeres, el Primer Mundo sobre el Tercero... Donde reina Dios como Padre, ha de reinar la fraternidad (no la insolidaridad), la justicia (no el abuso), la libertad (no la opresión y las servidumbres), la paz (no la violencia), la verdad (no el engaño y la mentira).

El laico cristiano tiene muy claro hacia dónde ha de dirigir sus esfuerzos y trabajos, hacia dónde ha de orientar su vocación laical, dónde ha de poner su mirada, sus objetivos y aspiraciones.

3. Miembro activo y responsable del Pueblo de Dios

Lo hemos dicho ya. Es un rasgo esencial. El laico se ha de sentir **sujeto de pleno derecho** en la comunidad eclesial. Está animado por el Espíritu que alienta a toda la Iglesia. Con derecho y obligación de manifestar sus necesidades, sugerencias y opiniones por el bien de la Iglesia. Con derecho a tomar parte en la vida y en la marcha de la comunidad según su vocación, sus cualidades y posibilidades.

Para que el laico pueda tomar parte en la comunidad es importante el esfuerzo por discernir y encontrar la propia vocación, el servicio que cada uno puede realizar, individualmente, con su pareja, en un grupo o movimiento...

4. Enviado al mundo

Seguidor convencido de Cristo, animado por el Espíritu para el servicio del Reino de Dios, constituido en sujeto integrante del Pueblo de Dios con pleno derecho, el laico se siente **enviado** al mundo donde ha de desarrollar su misión a través del **testimonio** y del **compromiso** transformador.

Esto exige descubrir la vocación matrimonial y la espiritualidad conyugal, vivir la vocación cristiana de madre o padre, descubrir el valor cristiano del trabajo y la profesión secular, la importancia de la transformación de la sociedad, el valor cristiano del ocio y del tiempo libre...

El laico cristiano ha de tener muy claro que está llamado a ser testigo, apóstol, militante, agente transformador. Esto es ser practicante. Habría que ampliar el contenido de **practicante** más allá de la participación en la Eucaristía dominical y hacer que abarque la praxis, el comportamiento en la vida y en la sociedad.

5. Enraizado en la Palabra de Dios y en la Eucaristía

La vida del laico se alimenta en dos fuentes: la Palabra de Dios y la Eucaristía dominical.

Es de gran importancia la lectura personal habitual, a solas o en grupo, el contacto frecuente con el Evangelio (aprendizaje, práctica, método, en grupo, en pareja...). Y, junto a todo ello, la Eucaristía dominical participada de manera gozosa, activa, consciente, comulgando con Cristo y con la comunidad, alimentando la propia fe y la vocación cristiana.

Solo así se puede luego leer el libro de la vida, escuchar a Dios en los acontecimientos, ver a Cristo en los pobres, hacer una lectura creyente de la realidad, comulgar con hombres y mujeres, crecer en el servicio al Reino de Dios.

6. Radicalidad evangélica

La espiritualidad del laico no es menos exigente que otras formas de vida, pues está marcada por la radicalidad evangélica del seguimiento. Es falsa aquella división clásica que separaba a los cristianos en dos sectores: el sector llamado a una vida de perfección en la consagración de los tres votos (pobreza, castidad y obediencia), y la mayoría de los cristianos, llamados solamente al cumplimiento de los mandamientos de Dios: cristianos de segunda categoría.

Todos estamos llamados a seguir a Cristo según el espíritu de las bienaventuranzas, todos hemos de vivir con el corazón entregado a Dios como único Señor, todos hemos de usar los bienes materiales desde y para el amor, todos hemos de buscar la obediencia a la voluntad del Padre. No hay estados más o menos perfectos, sino formas diversas de escuchar y vivir la llamada al seguimiento.

Lo que sí hemos de destacar es algunas virtudes y actitudes que reclaman hoy un cuidado más especial en el mundo actual de competitividad, consumo, apariencia, agresividad... Así, la misericordia, la honradez, la libertad personal, el desprendimiento, la lucha incansable por la justicia, la cercanía y solidaridad con los más necesitados, el perdón y la actitud de reconciliación, la esperanza.

7. La formación

No es posible un crecimiento responsable del laicado si no se cuida y promueve debidamente su formación. Solo con una formación y capacitación adecuadas, podrán los laicos, educados desde otras claves y otra sensibilidad, adquirir personalidad, seguridad e iniciativa dentro del Pueblo de Dios.

Es importante promover medios, jornadas, procesos que ayuden a descubrir la personalidad cristiana laical y su misión en la Iglesia y en el mundo. Junto a esto, es necesaria la capacitación especializada para cada campo pastoral o ámbito secular.

No hemos de esperar a la actuación de los presbíteros o de la jerarquía. Son los mismos laicos y laicas quienes han de tomar la iniciativa para pedir, promover y poner en marcha los instrumentos y servicios necesarios.

Índice